Dès 5 ans

J'apprends à lire

avec **Sami** et **Julie**

G. Flahault-Lamorère
Orthophoniste

A. Cecconello
Professeur des écoles

hachette
ÉDUCATION

Avant-propos

Cette méthode est née d'une longue pratique orthophonique et pédagogique étudiant les troubles spécifiques survenant au cours de l'apprentissage de la lecture.

Elle a pour but une imprégnation neurologique de la correspondance entre le langage oral et écrit : chaque lettre écrite ou « graphème » symbolise un son du langage, appelé « phonème ».

Cette méthode propose une progression rigoureuse faisant toujours référence à des graphies antérieurement apprises.

Le nouveau lecteur observe des signes écrits qui deviennent audibles **isolément d'abord**, puis **en syllabes**, puis **en mots**, ce qui requiert une **grande concentration visuelle et auditive**. Il associe à chaque lettre le « son » nettement articulé.

Par exemple pour « f », ne pas dire « èf » ou « fe », mais souffler « fff » sur le dos de la main. **Cette méthode phonétique, fondée sur l'articulé pur et sur l'expression faciale, facilitera l'apprentissage de la lecture et de l'orthographe en limitant les confusions visuelles et auditives.**

Si le lecteur ne mémorise pas bien les lettres apprises, nous conseillons d'associer les **gestes** de la méthode Borel-Maisonny (*cf.* l'ouvrage *Bien lire et aimer lire*, ESF éditeur), ces gestes n'étant utilisés dans notre livre qu'en soutien mnésique occasionnel.

L'apprentissage de l'orthographe se fait parallèlement à la lecture : une fois la lecture correctement assimilée de la page, il convient d'apprendre au lecteur à écrire les mots qu'il souhaite reproduire, en les décomposant syllabiquement. L'enfant répète chaque syllabe à voix haute ou mentalement en même temps qu'il les écrit.

Le lecteur apprend à jouer avec les lettres, les syllabes et les mots ; lire et écrire devenant à chaque page indissociables, source d'autonomie, de mémorisation, d'évocation et de plaisir.

Geneviève FLAHAULT-LAMORÈRE
Orthophoniste

Adeline CECCONELLO
Professeur des écoles

Maquette de couverture : Mélissa Chalot
Maquette intérieure : Laurent Carré
Illustration de la couverture et de la page de titre : Coralie Vallageas
Illustrations de l'intérieur : Annie-Claude Martin, Vasco-Gil Pereira
Réalisation de la mise en pages : **Médiamax**

ISBN 978-2-01-171467-1

www.hachette-education.com

Comment utiliser
cette méthode phonémique ?

1. Apprendre chaque lettre isolément, phonétiquement
Le visage expressif des petits personnages, le dessin de la bouche et la représentation de la vibration du larynx aident à **reproduire le phonème oralement en exagérant l'articulation et la mimique.**

2. Apprendre les syllabes
Après l'apprentissage des voyelles, notre méthode privilégie au départ les consonnes s, l, r, n, m, f, car associées à une voyelle, la syllabe ainsi constituée peut être articulée **sans coupure dans le même souffle.**

3. Nous insistons sur :
- **l'éveil actif de l'ouie** pour reproduire vocalement le « son » étudié ;
- **l'éveil actif visuel** dans la perception du graphisme correspondant ;
  - les sons étudiés sont en rouge : papa,
  - les lettres muettes sont en bleu : renard,
  - **la mémorisation visuelle :** demander au lecteur de **bien regarder la graphie étudiée**, puis de la **cacher** et de la **reproduire par écrit**. Vérifier que la perception visuelle et l'orientation sont correctes,
  - **la mémorisation auditive :** elle doit être vérifiée par des dictées de sons isolés, de syllabes, puis de mots et de phrases.

Exemple : « *ou* » ne doit pas être reproduit « *uo* » sinon, renouveler l'exercice.

4. Le récapitulatif syllabique des graphèmes déjà étudiés, repris systématiquement à chaque page nouvelle en lecture, puis en orthographe, permet de vérifier les acquis et de les consolider dans la mémoire du lecteur (ne pas hésiter à relire une ancienne page si le souvenir d'une lettre est altéré).

5. Le plus souvent possible, **s'assurer que le lecteur a compris le sens du mot lu.** Les illustrations sont conçues pour mieux comprendre le vocabulaire.

6. Chaque lecteur ayant son propre rythme d'apprentissage, il est essentiel d'assimiler visuellement et auditivement la page lue avant de passer à la suivante.

7. Parallèlement à l'apprentissage d'une page de lecture, **il est important d'écrire aussitôt sous dictée** le phonème appris isolément syllabiquement et ceci, **afin de progresser au même rythme en lecture et en orthographe.** Très rapidement, l'enfant lira des phrases et des petites histoires et saura les écrire phonétiquement.

8. À la fin du livre, vous trouverez un **récapitulatif des confusions phonétiques les plus fréquemment répandues de type « dyslexie » légère** (telles que p / b, d / b, ou / on…) à utiliser une fois les lettres étudiées isolément. Si ces confusions persistent, elles relèveront d'une prise en charge orthophonique spécialisée.

Par cette méthode, notre lecteur prend conscience que le langage est composé de sons, que ceux-ci sont représentés par des graphies qui une fois assemblées vont composer un message. La qualité de lecture conditionne toute la scolarité dès le cours préparatoire. Il est donc important d'intégrer les bases phonémiques du langage écrit le plus rapidement et le plus précisément possible, pour l'autonomie de l'enfant et son intégration sociale.

Mode d'emploi

Je regarde attentivement le dessin qui m'indique comment bien positionner la bouche et je prononce le son étudié.

L'illustration me permet de mémoriser le son.

J'apprends à écouter le son étudié dans la leçon.

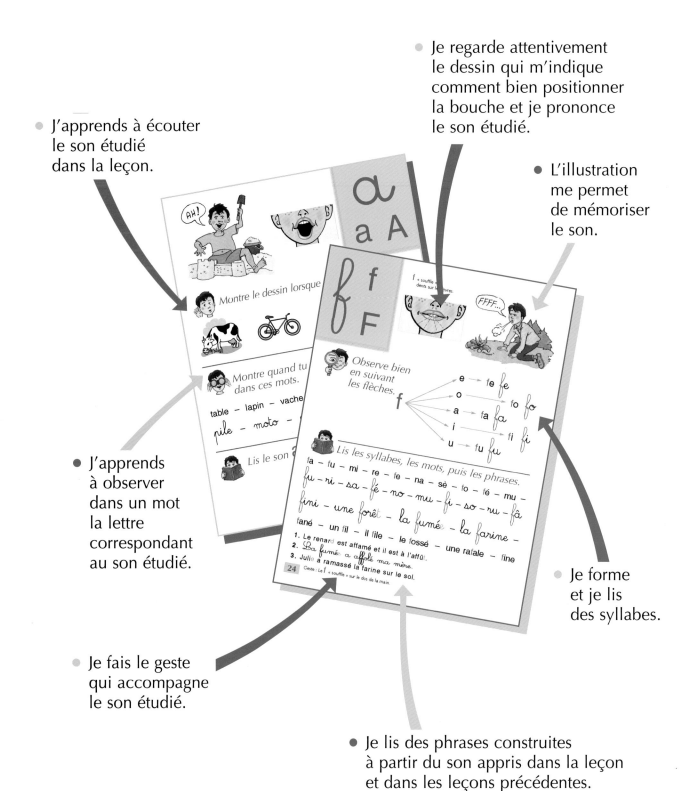

J'apprends à observer dans un mot la lettre correspondant au son étudié.

Je forme et je lis des syllabes.

Je fais le geste qui accompagne le son étudié.

Je lis des phrases construites à partir du son appris dans la leçon et dans les leçons précédentes.

Sommaire

Lire, pas à pas

avec Sami et Julie

L'alphabet

Les lettres **a**, **e**, **i**, **o**, **u**, **y** sont les **voyelles**, les autres sont les consonnes.

a b c d e f g h i j k l m n o p q r s t u v w x y z

A B C D E F G H I J K L M N O P Q R S T U V W X Y Z

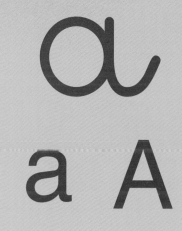

 Montre le dessin lorsque tu entends le son **a**.

 Montre quand tu vois la lettre a α *dans ces mots.*

table – lapin – vache – porte – salade – sable –

pile – moto – carotte – niche – piano

 Lis le son **a**.

a a α α a α

α a α a α α

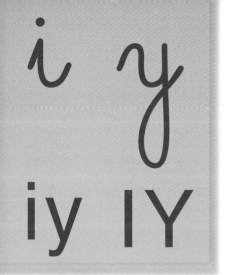
i y
iy IY

Hi! Hi!Hi !

 Montre le dessin lorsque tu entends le son **i.**

 Montre quand tu vois les lettres

i   i   y   y   *dans ces mots.*

domino – tomate – yeux – biscotte – cube – lit –

locomotive – lis – bobine – tasse – cygne

 Lis les sons.

Attention ! y **y Y** se prononce **i.**

i   i   i   a   y   a

i   a   i   a   i   y

8

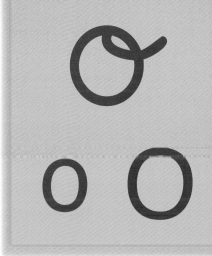

 Montre le dessin lorsque tu entends le son **O**.

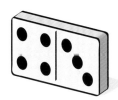

 Montre quand tu vois la lettre o o *dans ces mots.*

piano – vélo – ruche – carotte – rose – sac –

moto – cheval – revue – orange – dos

 Lis les sons.

o i a o a i

o a y o a o

9

 Montre le dessin lorsque tu entends le son **u**.

 Montre quand tu vois la lettre u u *dans ces mots.*

usine – sirop – tulipe – animal – tortue – mur –

cube – flûte – départ – canapé – plume

 Lis les sons.

u a i o u a

u o i a u i

 Montre le dessin lorsque tu entends le son **e**.

 Montre quand tu vois la lettre e e
dans ces mots.

chemin – cerise – moto – fenêtre – matelas –

cheval – navire – miroir – lilas – note

 Lis les sons.

e   a   a   e   o   i

e   u   i   e   a   o

é é É

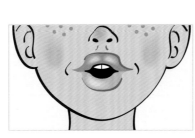

BÉBÉ!

 Montre le dessin lorsque tu entends le son é.

 Montre quand tu vois la lettre é é
dans ces mots.

épée – piano – vélo – bol – bébé – radis – clé –

poupée – journal – tétine – tomate – blé

 Lis les sons.

é e i a o u

e é a i u é

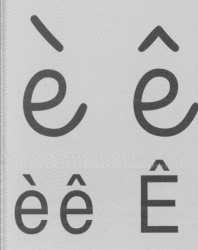

 Montre le dessin lorsque tu entends le son **è**.

 Montre quand tu vois les lettres **è ê** dans ces mots.

chèvre – numéro – tête – fusée – café – pièce –

vélo – malade – guêpe – lavabo – forêt

 Lis les sons.

è ê é ê è é

è e i a o ê u

As-tu bien retenu ?

 Montre les dessins lorsque tu entends le son a, puis i, o, u, e, é, è.

 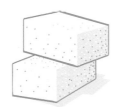  

 Montre quand tu vois a dans ces mots, puis les lettres i , o , u , e , é , è et ê.

pêche – café – piano – bol – épine – vélo – nid – journal – poupée – domino – banane – remède – bobine – guêpe – confiture – niche – cube – abricot – tomate – blé – forêt – chèvre – locomotive – fenêtre

Lis les sons.

a − i − o − u − e − i −

è − o − ê − a − é − i −

i − e − a − é − u − o − a − i − ê

 Lis les majuscules.

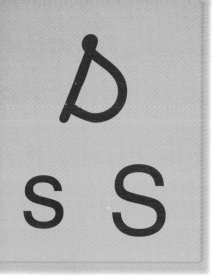

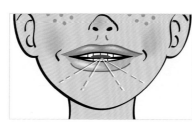

S « souffle » sur la pointe de la langue.

Observe bien en suivant les flèches.

S

a → sa *ѕa*

e → se *ѕe*

é → sé *ѕé*

o → so *ѕo*

i → si *ѕi*

u → su *ѕu*

è ê → sè *ѕè* – sê *ѕê*

Lis les syllabes et les mots.

sa – so – su – si – sè – se – sé – sê –

ѕi – ѕe – ѕo – ѕè – ѕu – ѕa – ѕé

assis – os – sot – issue – as –

oѕ – iѕѕue – aѕ – aѕѕiѕ – ѕot

16

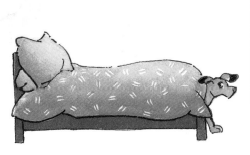

l se dit avec la langue.

Observe bien en suivant les flèches.

l

a → la *la*

e → le *le*

é → lé *lé*

o → lo *lo*

i → li *li*

u → lu *lu*

è ê → lè *lè* – lê *lê*

Lis les syllabes, les mots, puis les phrases.

la – li – lo – so – su – lé – lu – sé – lê – si –

lu – la – si – le – lè – su – li – se – lê

le lis – salé – le sol – le lit – le lasso – l'île

Apprends ces mots par cœur.

il elle

1. Sami lit. Il lit.
2. *Léa a lu. Elle a lu.*
3. Julie a sali le sol.
4. Il a le lasso.

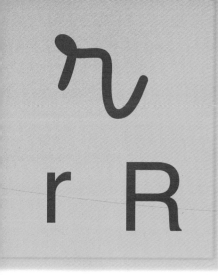

r « gratte » dans la gorge.

RRR...

 Observe bien en suivant les flèches.

r

a → ra *ra*
e → re *re*
é → ré *ré*
o → ro *ro*
i → ri *ri*
u → ru *ru*
è ê → rè *rè* – rê *rê*

 Lis les syllabes, les mots, puis les phrases.

ro – lu – se – ri – sé – la – ru – li – su – re –

rê – so – ri – su – ra – lo – lè – ré

le rire – le sirop – le rat – rare – le ressort –

salir – la salière – la rue – réussir

Apprends ce mot par cœur.

sur

1. Sami rassure Julie. Il la rassure.
2. Lili salue Léa. Elle salue Léa.
3. *Il a réussi à lire. Il rit.*
4. Elle a assis Léa sur le lit.

18

n se dit fort dans le nez.

m

n N

 Observe bien en suivant les flèches.

n

a → na *na*

e → ne *ne*

é → né *né*

o → no *no*

i → ni *ni*

u → nu *nu*

è ê → nè *nè* – nê *nê*

Lis les syllabes, les mots, puis les phrases.

no – li – so – nu – ra – lo – se – na – né –

ne – sa – nè – ni – ro – le – nu – nê

l'âne – la lune – la narine – l'ananas – Nina –

la nuit – Noé – le renard – la sonnerie

Apprends ces mots par cœur.

un une

1. Sami a un renard.
2. À la sonnerie, Nina sort.
3. Il a un âne.
4. *Elle a une salière.*

m   m M

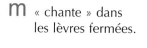

m « chante » dans les lèvres fermées.

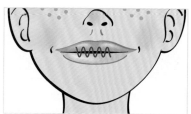

MEUH!

Observe bien en suivant les flèches.

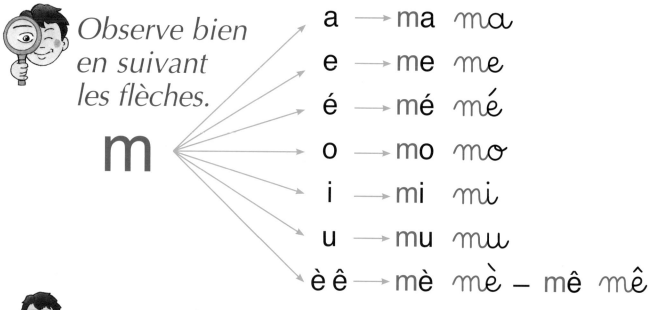

m

a → ma ma
e → me me
é → mé mé
o → mo mo
i → mi mi
u → mu mu
è ê → mè mè – mê mê

Lis les syllabes, les mots, puis les phrases.

ma – la – so – mu – ni – me – ru – mo – mi –

mu – lo – mé – su – mi – nu – mê – mo

la mare – une lime – le numéro – une rame –

le mot – ma mère – un mari – minuit – même

1. La nuit, la lune illumine la rue.
2. Sami a un âne. Il se nomme Luno.
3. La mère de Sami allume la lumière.
4. Sami a su lire le numéro !

Apprends ces mots par cœur.

et

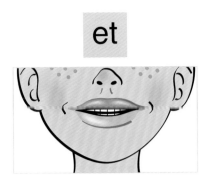

est

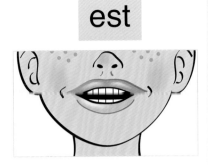

et et

est est

 Lis les phrases.

1. Léo est assis sur le mur et il lit.

2. Le rat est un animal et il sort la nuit.

3. Julie a réussi à lire le numéro et Léo rit.

4. Luno remue et Sami le rassure.

As-tu bien retenu ?

RÉVISION 2

 Lis les sons.

a – i – u – e – é – m – o – ê – i –

n – m – l – r – s – l – r – n – o –

l – a – r – i – s – m – n – u – e

 Lis les syllabes.

sa – se – si – so – su – sé – sê – sè

le – la – li – lu – lé – lo – lê – li – le

ni – no – né – nu – nê – na – ne – no – nè

ro – ra – ru – ré – ro – ri – rê – ra – re

mi – mé – ma – mo – mê – mu – mi – mè

 Lis les phrases.

1. Julie a mis le mulot sur le mur.

2. Luno a mal et Sami le rassure.

3. La lune luit et la rue est animée.

4. Julie murmure un mot à Sami.

22

Lis ces mots que tu as appris par cœur.

il   *il*

le   *le*

un   *un*

elle   *elle*

la   *la*

une   *une*

 Lis les mots.

elle allume – *un renard* – l'os – une narine –

le rat – le lilas – *la sonnerie* – la lune –

un sirop – une année – *la rue* – un nid –

énorme – *il murmure* – elle rassure – le lit –

une nuit – un âne – *la salière*

23

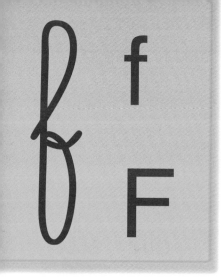

f « souffle »,
dents sur les lèvres.

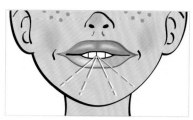

FFFF...

 Observe bien en suivant les flèches. f

e → fe *fe*

o → fo *fo*

a → fa *fa*

i → fi *fi*

u → fu *fu*

 Lis les syllabes, les mots, puis les phrases.

fa – fu – mi – re – fe – na – sè – fo – fé – mu –

fu – ri – sa – fé – no – mu – fi – so – ru – fâ

fini – une forêt – la fumée – la farine –

fané – un fil – il file – le fossé – une rafale – fine

1. Le renard est affamé et il est à l'affût.

2. *La fumée a affolé ma mère.*

3. Julie a ramassé la farine sur le sol.

Geste : Le f « souffle » sur le dos de la main.

VROUM VROUM

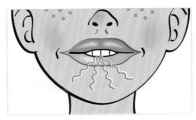

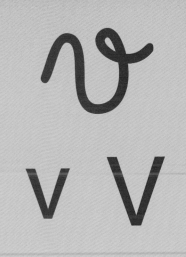

 Lis les syllabes et les mots.

va – vu – fi – vi – fo – vo – ra – la – mi – vu –

nu – vo – fo – vu – vé – lo – ve

olive – avare – rêve – ovale – avenir –

le navire – la revue – un élève – le favori –

elle arrive – ravi – sévère – la ville

Apprends ce mot par cœur. **avec**

 Lis les phrases.

1. Julie va avec Émilie et Léo à la rivière.
2. Sami s'est assis sur la rive et il lit une revue.
3. Julie est allée à la ville avec Émilie.
4. Émilie a vu un navire.

p bouche fermée, « éclate » en faisant un tout petit bruit.

 Lis les syllabes, les mots, puis les phrases.

pi – pu – ma – no – po – fi – pi – lo –

se – ra – pi – vi – pu – ro – pé

papa – une épine – une pilule – la purée –

le père – le repos – la vipère – un piano –

Paris – la pile – puni – la parole – réparé –

une épée – poli – le passé – la râpe

1. Papa est allé à la rivière. Il a vu une vipère.

2. Papi a rapporté le parasol.

3. Sami a pris une pomme.

4. Le repas sera réussi.

b   bouche fermée, grosses joues,
    fait un gros bruit dans la gorge.

b B

Lis les syllabes, les mots, puis les phrases.

bo – ba – va – bi – pe – be – ra – lo – bu –

fi – bê – vu – pa – bé – so – bi

la bobine – un robot – une banane – belle –

la balle – un lavabo – la bulle – le bébé –

un boa – la parabole – obéir – une barbe –

la bosse – un bal – il bêle – la bassine

1. Sami a mis sa balle sur le bord du lavabo.
2. *Sami n'a pas obéi. Papa l'a puni.*
3. Julie a abîmé sa robe avec une épine.
4. *Sami a un robot avec une épée.*
5. Il est assis sur la barrière.

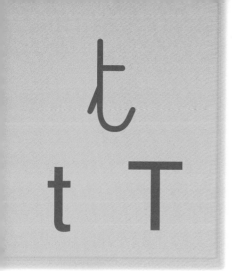

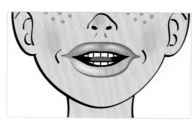

t « éclate » avec un tout petit bruit sur le bout de la langue.

 Lis les syllabes et les mots.

tu – té – va – so – mi – ta – no – fé – ba –

ti – ra – to – bu – te – mu – vé

la vérité – le tissu – un pétale – la tête –

un matelas – une minute – la tirelire –

la tétine – la météo – une botte – la moto –

un têtard – vitaminé – utile – une tuile

 Lis l'histoire.

Julie prépare une petite fête avec Mélanie. Sur la table, elle a mis une nappe, le sirop et une tarte à la rhubarbe. Sami est assis sur le tapis avec sa petite tortue Pénélope. Mamie arrivera dans une minute.

Geste : Le petit bout de la langue dépasse entre les dents,
on essaie de l'attraper entre le pouce et l'index, sans y parvenir, car le t se dit très rapidement.

28

d « chante » fort dans la gorge en sortant le bout de la langue.

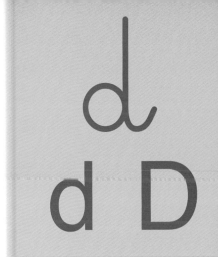

d
d D

 Lis les syllabes et les mots.

do – si – ba – da – fé – mu – do – bu – di –

ra – bu – di – vi – pu – do – pé

timide – la limonade – rapide – une bordure –

la pommade – l'étude – ridé – le dos –

dispute – drôle – démodé – remède – midi

Apprends ce mot par cœur. **dans**

 Lis l'histoire.

Julie va à Paris avec sa mère et une amie. Sur l'avenue Dumas, Julie a vu dans une vitrine, du tissu. Sa mère lui offre une belle étoffe et lui fera avec, une robe. Julie porte une robe à la mode et rêve de devenir modéliste.

Geste : Mettre le dos de la main sur la gorge
pour sentir la vibration du d et la main se projette en avant pour dire d.

Lis les sons.

m – s – $\textit{n}$ – v – f – $\textit{b}$ – p – n –

$\textit{r}$ – l – m – f – v – $\textit{f}$ – p – $\textit{n}$ –

v – n – b – p – m – $\textit{n}$ – r

 Lis les syllabes.

ma – $\textit{ni}$ – fo – nu – be – $\textit{la}$ – so – ri – pu –

bé – lo – su – $\textit{rê}$ – fi – $\textit{na}$ – me – nu –

vo – fu – ba – té – pu – ti – fo – ve – pi – lo

 Lis ces mots que tu as appris.

dans – avec – un – et – une – sur – il – elle – est

 Lis les majuscules qui sont sur les ballons.

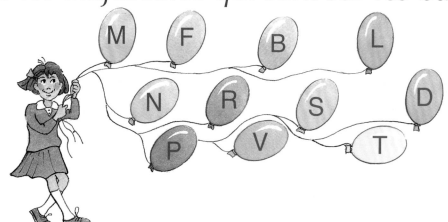

M F B L
N R S D
P V T

Lis les mots et montre les dessins correspondants.

un navire

la rivière

un robot

une robe

une sole

la banane

une vis

la malle

un lavabo

une armure

Lis l'histoire.

Dans le bus, Sami lit un livre sur un renard affamé.

« L'animal a sa tanière dans la forêt. Il sort la nuit avec bébé renard.

Un bruit, et le petit fuit très vite ! Puis, un mulot passe près du renard.

Rapide, il l'attrape avec sa patte... »

Le bus s'arrête. Sami est arrivé dans sa rue. Alors, il sort du bus.

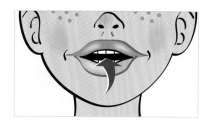
c fait un petit bruit
au fond de la bouche.

c

 Lis les syllabes et les mots.

ca – co – cu – ac – oc – co – cu – ic – ca

la caméra – à côté – un sac – le pic – un lac

un car – une cabane – la cave – la locomotive

l'école – du café – un canapé – la comédie

k = c

 Lis les mots.

un képi – un kilo – le ski – un koala – la polka – l'anorak

q = c

 Lis les mots.

le coq – la coquine – un pique-nique – comique

une équipe – le casque – un coquelicot – la mécanique

Geste : Avec l'index qui entre dans la bouche, on montre que c, k et q font un petit bruit identique
au fond de la bouche.

g fait un gros bruit dans la gorge.

g G

Observe bien en suivant les flèches.

g

o → go *go*

a → ga *ga*

u → gu *gu*

gu

e → gue *gue*

i → gui *gui*

Lis les syllabes et les mots.

ga – di – ca – go – bu – de – gu – gue – nu – gui –

co – go – su – fa – vi – gu – ni – gui

la virgule – ma figure – un régal – elle ligote –

le regard – la gamine – un légume – ma gomme –

une guêpe – guérir – la guitare – un guide – ma bague –

la vague – une marguerite – un catalogue – du gui

Geste : Mettre le dos de la main sur la gorge et la maintenir pour sentir la vibration.

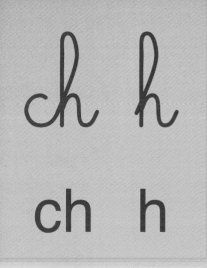

ch grosse bouche en avant, « souffle » fort.

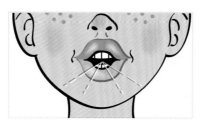

CHUT !

 Observe bien en suivant les flèches.

c   h

ch

h tout seul est une lettre muette.

 Lis les syllabes et les mots.

cha – chè – cho – chu – ché – chi – chê

un chat – la cheminée – la machine – la vache – un choc –

une bûche – la biche – sa poche – un chocolat –

la niche – ma capuche – la tache – un parachute – le cheval

hi – ha – hè – ho – ha – hu – hé – hi – he

un habit – le héros – une harpe – la hotte – de la rhubarbe –

un homme – un hêtre – un haricot – une huche –

humide – un hélicoptère – hélas – l'habitude – un harmonica

Geste : Avec un doigt sur chaque joue, on fait avancer les lèvres pour souffler ch ch ch.

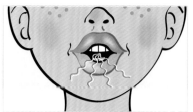

 Lis les syllabes et les mots.

ja – cho – je – vè – fi – jo – che – jé – de –

cha – je – sé – ju – ha – che – jo – chi – ja – bo

la jupe – le judo – un juré – le javelot – déjà –

le jus – juste – joli – cajolé – la jetée –

le pyjama – la jardinerie – mijoté – il ajuste

 Lis l'histoire.

La mère de Julie a écrit une carte postale à une amie qui habite près
de la Suisse. Julie va à la poste avec Léa, puis elles passent près du parc
de la ville. Elles regardent la jolie biche qui part dans sa cabane.
Après la promenade, sa mère préparera un sirop à Julie et un chocolat
à Léa.

les	les
des	des
mes	mes
tes	tes
ses	ses

Les amis de Julie et Sami

 Observe bien en suivant les flèches, puis lis les mots.

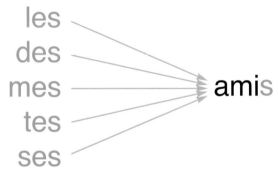

les — tulipes   des — balades   mes — dominos

ses — balles   tes — jupes   les — cheminées

mes — sacs   des — balles   tes — bananes

les — pommes   ses — pilules   des — anémones

 Observe bien ces mots, puis lis les phrases.

les – elle – elle – les – les – elle – les – elle – elle – les

Julie a les balles. Elle a les balles.

36

Lis les phrases.

1. Près de la mare barbotent les canards.

2. Élodie prépare le repas. Il y a un rôti avec des légumes cuits et une pâtisserie.

3. La mère de Julie achète sur le marché des fruits et de jolies tulipes.

4. Dans le métro, papa discute avec ses amis.

5. Émilie apporte des roses à sa mère.

6. Sami et ses amis attrapent des têtards dans la mare.

7. – Tu as mis mes bottines, dit Julie.

As-tu bien retenu ?

Lis les sons.

d – c – q – g – ch – j – v – g – t –

f – v – j – ch – k – g – c – d – v – b

Lis les syllabes.

du – ba – ché – vi – fe – go – ca – so –

pé – ta – bu – du – fé – va – me – ni –

co – gu – fé – vo – chu – ja – do – bo

Lis les majuscules sur les notes de musique.

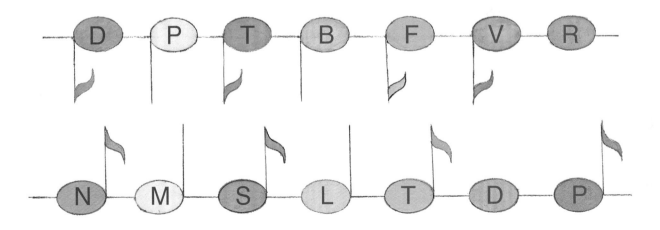

Lis les mots.

papa
un képi
la jupe
la batterie
un bolide
il obéit

une carte
ma guitare
les minutes
un étui
des bobines
les pâtisseries

la cheminée
ma limonade
des haricots
la palissade
une fête
mes tartes

 Lis ces mots que tu as appris par cœur.

dans – tes – que – ses – qui – des
même – sur – avec – est – mes – elle

 Lis l'histoire.

Samedi midi, Julie a organisé un pique-nique avec ses amies de classe. Sa mère a préparé une salade avec du salami et lui a mis des grosses pommes et de la limonade dans un sac. Marie a pris avec elle sa tortue et lui a donné de la salade. L'après-midi, Julie a ramassé des marguerites et des coquelicots avec ses amies.

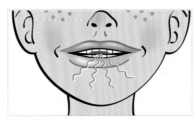

Z « chante » sur le bout de la langue.

 Lis les syllabes et les mots.

zu – zo – ze – zu – za – zê – zi – zo – zé – zu –

so – zi – su – zu – ché – vi – jo – fi – zo – ca

le zoo – le zébu – la gazelle – bizarre – Zorro –

le bazar – le gazole – zéro – le gaz –

un zèbre – le zigzag – le lézard – la zone – le colza

 Lis l'histoire.

Sur la Côte d'Azur avec Suzanne, Julie a vu dans le parc d'un zoo, une belle gazelle et un zèbre rigolo qui a attrapé un petit lézard sur un mur.
Suzanne regarde une jolie petite zibeline.
Sami, lui, a été puni car il n'a pas obéi et il a approché de trop près les bêtes. Alors, assis sur un mur, il rêve de zébus et de zèbres qui galopent dans la savane.

S = Z

Entre deux voyelles, S se prononce Z.

la rose
→ voyelles

 Lis les mots.

la valise – une chose – la cuisine – la fusée –

la base – une visite – la musique –

une bise – il vise – la méduse – la poésie –

une sottise – du mimosa – l'usine –

la rosée – l'écluse – une chemise – utilisé – la ruse

SS = se

Entre deux voyelles, SS se prononce se.

 Lis les mots.

une glissade – la classe – du tissu – une bosse

Lis les mots en faisant très attention.

base – basse   ruse – russe   case – cassé

Lis l'histoire.

C'est la fête de Suzanne. Sami lui offre du mimosa et Julie
un joli vase décoré d'une frise. Léa, elle, lui a préparé une
belle poésie. Sami propose à ses amis une visite à l'écluse.
Suzanne est ravie et lui dit qu'il a une bonne idée.

un vase

pr	br
tr	dr
cr	gr
fr	vr

Lis les syllabes et les mots.

pr → pra – pri – pré – pro – pre – pru
br → bri – bré – bru – bre – bro – bra
tr → tre – tri – tra – tru – tré – tro – trè
dr → dro – dri – dru – dra – dre – dré
cr → cra – cru – cre – cré – cri – cre
gr → gro – gra – gré – gru – gre – gri
fr → fri – fre – fru – fré – fra – fro – frê
vr → vro – vré – vru – vra – vre – vri

la prune – le frère – des crêpes – la grue – le bras –

le drap – sa vitrine – l'écriture – la grive –

des livres – du sucre – la chèvre – ma cravate – un abricot –

une promenade – de la crème – le cadre – ses brebis

Observe bien en suivant les flèches, puis lis les syllabes et les mots.

a
o
i   r
u

ar
or
ir
ur

bra-bar	dro-dor	cro-cor	pru-pur	pri-pir
tro-tor	gra-gar	bru-bur	fri-fir	vra-var

carte – crabe	drôle – dormir	grave – garde
propre – porte	tortue – trop	frotté – forte
brodé – bordure	avril – virgule	crocodile – corde

Lis les phrases.

1. Lydie a mis des crêpes et du sucre sur la table.

2. Il y a une petite chèvre dans le pré.

3. Léo a appris à lire et à écrire.

4. Noélie offre un joli cadre à Léa.

5. Sami pose le crabe sur le rebord de la fenêtre.

Montre les images de la page, puis retrouve le mot correspondant dans la liste de mots suivante.

le livre – un cadre – des crêpes – la chèvre – le crabe

43

pl	bl
cl	gl
fl	vl

Lis les syllabes et les mots.

pl ➚ pla – pli – plé – plo – ple – plu
bl ➘ bli – blé – blu – ble – blo – bla
cl ➙ cle – cli – cla – clu – clé – clo
gl ➙ glo – gli – glu – gla – gle – glé
fl ➙ fla – flu – fle – flé – fli – flo – flè
vl ➙ vla

la pluie – la plume – il plane – un plat – la fable – la clé –

un pli – un câble – un établi – un platane – de la glue –

le blé – un cartable – ma règle – une blague –

une flûte – le sable – le placard – une glissade – ma table –

une flamme – le globe – du réglisse – ta flèche – le plot

Observe bien en suivant les flèches, puis lis les syllabes et les mots.

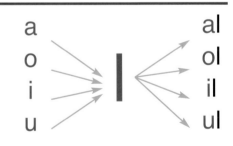

a   al
o   ol
i   il
u   ul

pla-pal   bli-bil   glo-gol   plu-pul
cla-cal   vla-val   fli-fil   blo-bol

| plane – palme | bolide – blotti | pilote – pliage |
| récolte – clos | pulpe – plumage | pâlir – plastique |

44

Lis les phrases.

1. Le samedi, la mère de Julie prépare des sardines
et un énorme plat de légumes.

2. Léa a mis la flèche sur l'arc,
puis elle a visé l'arbre.

3. La mère de Julie a acheté un parapluie gris et un cartable.

4. Sami a attrapé un crabe et Émilie a ramassé
des plumes sur le sable.

5. La cloche de l'église sonne très fort.

Observe bien, puis lis les syllabes et les mots.

as – is – us – os – ac – oc – uc – ic

le masque – la piste – un os – un buste – le sac –

le tic-tac – un choc – il aspire – le pic – une dictée

Lis les sons.

f – v – ch – s – c – g – j – z –

p – t – b – d – gr – cr – br –

dr – gl – cl – fr – vr – bl – pl

 Lis les syllabes, puis les mots.

su – co – ga – zo – du – fra – vro – che –

gru – crê – bro – dre – glu – cra – dru – bla –

gra – plo – vri – bra – fli – blé – pru – clo

la cloche
il blague
un bruit
le fruit
l'église
un cliché
le tribunal

la clé
ta classe
la gravure
crispé
grave
des griffes
il grêle
ma brioche
la grue

un cadre
il glisse
le drap
elle frotte
la clôture
du plastique
une prise

Observe bien, puis lis les mots.

ar – is – us – ic – al – or – ir – ol – ac – ur

ul – os – if – us – or – uc – al – oc – is – ur

la porte

un mur

le vol

la poste

un sac

la récolte

une bordure

la dictée

une virgule

le bocal

un calcul

l'animal

la tornade

une dispute

des biscuits

le bol

un canif

une culbute

un costume

l'arbuste

la tortue

Lis l'histoire.

La cloche de l'école sonne. Sami sort de sa classe.

Il passe par la rue de la poste et achète quatre brioches.

Julie arrive et lui dit qu'elle est triste, car elle n'arrive

pas à écrire. Alors, Sami sort de sa poche une brioche

et la lui donne.

– C'est une blague, dit Julie.

Elle rit et se régale avec sa brioche.

ou

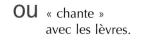

ou « chante » avec les lèvres.

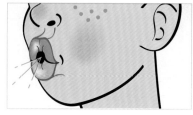

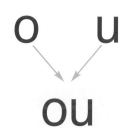

o   u

ou

 Lis les syllabes, puis les mots.

fou – sou – chou – vou – lou – rou – nou – mou – zou –
jou – pou – tou – cou – bou – dou – gou – hou – clou –
cour – crou – blou – brou – sou – flou – tou – grou

la joue	des boules	la fourmi	la route
une souris	ma poupée	la soucoupe	la mouche
l'ours	la toupie	une poule	un bijou
la soupe	le coude	la bouche	le journal
les moules	le jour	du chou	la roue
du houx	la couture	le four	la moutarde

 Lis l'histoire.

Samedi, jour de repos, Sami joue sur la pelouse avec Minouche, le chat.
Papa coupe du houx pour Julie qui détache les boules et fabrique un bijou
pour sa poupée Lilou. Sa mère arrive et s'écrie :
– Vite ! Sami amène Minouche, il y a une souris dans la cuisine !

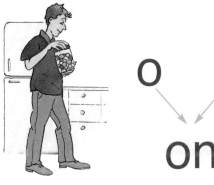

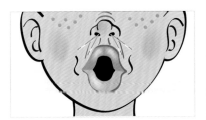

on bouche ronde du « o »,
se dit dans le nez.

o   n

on

on

Lis les syllabes, puis les mots.

fon – son – chon – *von* – lon – ron – *non* – mon –

zon – jon – *non* – ton – con – bon – don – hon – *don* –

gon – cron – blon – *bron* – son – gon – flon – ton

le bouton   du coton   le glouton   du melon
le savon   mon chaton   nous trouvons   le monde
la ronde   le biberon   le bouchon   ma montre
mon bâton   un mouton   le cornichon   un cochon
bonjour   le bonbon   la confiture   nous roulons

*Observe bien,
puis lis les mots.*

 ~~on~~

On écrit **om** devant m, b, p.

la pompe – l'ombre – sombre – le comble – la trompe

Lis l'histoire.

Notre oncle Simon prépare une bonne confiture de melon.

– Nous, nous préférons la compote et les bonbons, dit Julie.

– Oh, les gloutons ! répond l'oncle.

Il ouvre le bocal, distribue des bonbons à tout le monde, le rebouche, puis

retourne avec Sami à la cuisine et continue sa confiture.

an an

an, en se disent dans le nez.

en en

an   en

 Lis les syllabes, puis les mots.

pan – ten – fan – ven – ban – den – bran – chan – ren –
ten – sen – man – pen – men – len – gan

la danse   –   immense   –   pendant   –   mes parents   –
un chant   –   mon gant   –   la dent   –   les enfants   –
dans   –   le vent   –   un banc   –   une plante   –   blanc

 Observe bien,
puis lis les mots.

~~en~~, ~~an~~

On écrit am, em devant m, b, p.

am   ma chambre   une ampoule
     la lampe   elle gambade
     du jambon   la jambe
     un tambour   ample

em   la tempête   le tremblement
     novembre   le temps
     la température   il emmène

Observe bien.

ils ↘
elles ↗ ...ent

il chante → ils chantent
elle danse → elles dansent
il joue → ils jouent

Léa et Théo courent. Ils courent.

Les mamans écoutent de la musique. Elles écoutent.

 Lis les phrases.

1. Les enfants glissent sur la pente.

2. Ils habitent tout près du musée.

3. Les amis arrivent rapidement.

4. Le vent et la pluie nous empêchent de sortir.

 Lis l'histoire.

Sami et Julie jouent à cache-cache. Julie a la tête posée contre un tronc d'arbre et compte. Arrivée à trente, elle se retourne et surprend une ombre qui monte dans le chêne.
– Trouvé ! s'écrie Julie.
Elle s'est trompée : Antoni, l'ami de Sami, est assis sur une branche. Sami, lui, est caché dans sa chambre. Julie parle avec Antoni et a oublié Sami. Ils le cherchent ensemble et le retrouvent endormi sous son lit. Julie et Antoni éclatent de rire !

in IN

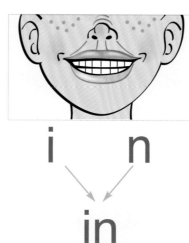

in se dit dans le nez.

i   n
↓ ↙
in

 Lis les syllabes et les mots.

pin – bin – din – fin – vin – sin – chin – brin – frin – drin –
zin – blin – glin – grin – rin – lin – tin – min

mon lapin – ton coussin – un gamin – le sapin – le dindon –
des pépins – le chemin – du vin – un poussin – le moulin –
le matin – un brin – mon invité – le sous-marin – vingt

 Observe bien, puis lis les mots.

On écrit **im** devant **m, b, p**.

un timbre – il grimpe – la timbale – impossible – immobile

 Lis l'histoire.

Dans la basse-cour de Léon, on y trouve des poules, des poussins, des
pintades, des dindons et des lapins. Tous les matins, avant de partir dans les
champs, il les nourrit. Il a même une chatte et des chatons qui sont très
câlins. Julie joue souvent avec les chats. Elle coupe une petite branche e
s'amuse avec les chatons. Elle a envie d'en prendre un avec elle. Hélas, i
est encore trop petit.

ph = f

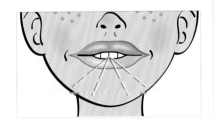

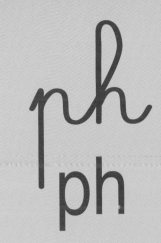

ph
ph

 Lis les syllabes, puis les mots.

pho – pha – phan – phin – phe – phon – phie – phra

phar – phé – pho – phil – phos – phan – phar

le phare – un phénomène – une catastrophe –
l'orphelin – le photographe – un siphon – le téléphone –
le nénuphar – un phoque – des phrases – un éléphant

 Observe bien, puis lis la phrase.

ch – ph – *ch* – ph – *ph* – ch – ph – ch – *ch* – ph

Je photographie les vaches qui sont dans le champ.

 Lis l'histoire.

Les enfants partent pour le zoo avec grand-père et grand-mère. Sami
et Julie font des photos des phoques et des éléphants d'Afrique lorsque
le téléphone portable de grand-père sonne. Catastrophe ! Sami, surpris,
rate sa photo, glisse, puis tombe.
– Vite, prenons-le en photo, puis nous irons prendre une pommade pour
son dos, dit Julie.
– Pas du tout ! s'écrie Sami qui se relève en riant.
– Quel phénomène ce Sami ! dit grand-père.

53

Lis les syllabes et les mots.

lou – don – tem – pho – ton – trou – phi – trin – flim – phan – tam – bon – dou – pren – flon – sen – tom – trem – plan – bran – plon – bou – clan – glin – blon

un buisson
une crampe
un dindon
le dentiste

un banc
une branche
il grimpe
un mouton
il est grand
des enfants

mes pensées
il plantera
ma chambre
son chaton
il embrasse
fluide
un phare

des bonbons
un égout
il trouve
la tonte

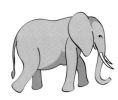

un éléphant
il prend

Lis ces mots que tu connais par cœur.

sur – dans – sous – alors – qui – tout –
tes – depuis – son – toute – ses – que –
où – mon – même – pour – tous – ton – mes

Lis l'histoire.

Le séjour en Italie est fini. Sami met tous ses livres dans son sac à dos et Julie prépare sa valise. Le chat Minouche se cache sous le lit pour qu'on ne le trouve pas. Papa, lui, se demande où est son caméscope. Enfin, il le retrouve sur le clic-clac du salon et le met dans sa sacoche.

En fin de matinée, toutes les valises sont dans le coffre, alors, nous prenons la route pour Menton.

oi oin

oi la bouche s'ouvre rapidement en avant.

o   i

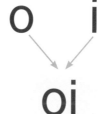

oi

oin

 Lis les syllabes et les mots.

doi – boi – froi – *proi* – croi – noi –

moi – *choi* – droi – voi – poi – *joi*

un bois – il a soif – je crois – le soir – il aboie – l'histoire

 oi *ou* **oin** *? Observe bien, puis lis les mots.*

loi – loin – *foi* – foin – coi – *coin* – toi

moins – droite – un couloir – le point – besoin – la foire

 Lis l'histoire.

Julie a une amie qui s'appelle Afi. Elle est née en Afrique. Sur le chemin de l'école, Afi raconte que là-bas, dans la brousse, il n'y a pas de voiture ni de trottoir, qu'on y voit de très gros baobabs et que les enfants fabriquent des jouets avec du bois et du fil de fer. Un jour, elle est allée à la rivière avec son père et ils ont vu un énorme crocodile. Julie invite souvent son amie, car elle trouve ses histoires passionnantes. Afi, elle, rêve de repartir là-bas.

56

ei
ai = è

ei ai

ei ai

 Lis les mots.

ai

les craies	la chaîne	l'éclair
la laine	une paire	j'aime
un balai	la fontaine	la plaine
une aile	la douzaine	le palais
le lait	des graines	des fraises

ei

la reine	il freine
une baleine	elle est pleine
treize	la veine
il a de la peine	seize
la verveine	sereine

ia io ié iè

Observe bien, puis lis les mots.

oi – oi – ai – ia – ei – ie – io – iè – ai – oi – ié

mon piano – le camélia – l'hortensia – un diamant –

la radio – un chariot – mon violon – la brioche –

ma propriété – la fièvre – la rivière – un lièvre

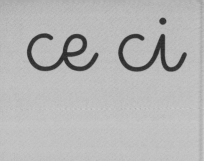

ce ci

ce ci

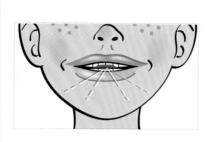

 Observe bien en suivant les flèches.

a → ca
o → co
c < u → cu
e → ce = se
i → ci = si

 des cerises

qu < e → que
i → qui

 Lis les syllabes, puis les mots.

co – ci – cu – ce – ca – cu – que – ci – co – qui – que – ca –
cou – can – cen – con – cin – coin – cai – celle – cil – cal

une équipe – facile – le cube – le coquelicot – conduire –
la cicatrice – la ficelle – décalqué – la cantine – le recoin –
une caisse – le couvercle – un cintre – une centaine

 Observe bien, puis lis les mots.

ça = sa   ço = so

un garçon   –   une balançoire   –   ça va   –   un maçon

ge gi

ge gi

Observe bien en suivant les flèches.

g
- a → ga
- o → go
- u → gu
- e → ge = je
- i → gi = ji

une girafe

gu
- e → gue
- i → gui

Lis les syllabes, puis les mots.

go – gi – gu – ge – gi – ga – gou – gan – gen – goi –
gin – goin – gal – gen – gu – gai – gin – gon

il galope – le guidon – du goudron – génial – le gendarme –
la gare – mon genou – gelé – elle gigote – le garage –
un gitan – agité – déguisé – les bagages – la guirlande

Observe bien, puis lis les mots.

gea = ja   geo = jo   geon = jon   geoi = joi

un plongeon – l'orangeade – un cageot – la nageoire

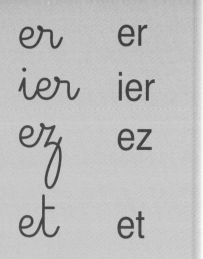

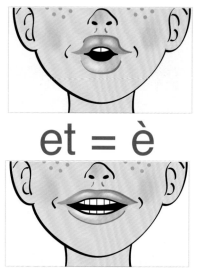

er
ier = é
ez

et = è

 Lis les mots.

er
le rocher
un clocher
mon goûter
le boucher

ier
janvier
un prunier
un rosier
le jardinier

ez
chez
son nez
assez
vous avez

et
un gobelet
les volets
le robinet
un fouet
le sifflet
un livret
le filet
mon carnet

 Lis l'histoire.

Isabelle va se marier et ce grand jour est prévu pour le mois de mai. Elle a prévu un énorme buffet pour les invités et elle doit tout organiser. Une immense table sera placée dans le jardin, sous les pruniers et les pommiers. Mardi, dans la matinée, elle passera ses commandes chez le pâtissier et chez le charcutier, puis dans l'après-midi, elle ira choisir sa robe de mariée dans une boutique située rue des Rosiers. Il y a tant de choses à préparer qu'elle a noté sur un carnet ce qu'elle doit faire. Elle espère ne pas oublier les plus urgentes et que la cérémonie de son mariage sera réussie !

gn on souffle fort
avec son nez.

gn

gn

 Lis les syllabes, puis les mots.

gne – gna – gnon – gnu – gnoir – gnol – gné – gnin –

gni – gnon – gnen – gno – gnal – gnar – gnè

le signal	il soigne	un rossignol
la signature	une araignée	ton peignoir
un oignon	l'égratignure	le règne
le champignon	la montagne	je saigne
la vigne	mignon	les lignes

 Lis l'histoire.

Avec toute la classe, nous sommes partis faire une randonnée pour quelques jours à la montagne.

Notre maître a organisé une course avec tous les élèves. Il désigne les équipes et les fait se placer sur la ligne de départ. Le signal est donné et tous les enfants s'élancent en même temps.

Sami est rapidement en tête mais tout à coup, il glisse et tombe dans les ronces. Il a des égratignures partout et son genou saigne. Ce n'est pas trop grave, mais la course est finie pour lui. Dommage, mais le séjour n'est pas terminé et il pourra participer à la prochaine activité !

Geste : Pour le son gn, faire une grimace avec le nez.

Lis les différents sons.

ou – on – en – ph – am – in – gn –

oi – ei – ce – gi – ier – er – ch –

ci – ge – pl – gr – co – fe – vi

 Lis les syllabes, puis les mots.

choi – pham – pin – tem – oin – trom –

vou – rion – ban – vian – chin –

soi – rei – soin – grai – ron – ven –

nou – vrai – bio – gen – cin – coin

une poire
la reine
voici
un gendarme
la montagne
une cigogne
ma signature

un citron
le coin
la campagne
au cinéma
la poignée
la châtaigne
il se baigne
il grogne

le balai
la neige
un jouet
le charcutier
loin
la croix
le peigne

le groin
un point

la laine

Lis ces mots et apprends-les par cœur.

celle – chez – mais – toi – moi – soi –
ceci – cela – voici – dans – pendant –
pour – quand – quoi – pourquoi

Lis l'histoire.

Après le repas du soir, maman dit qu'elle a une grande nouvelle à nous annoncer.

– Alors ? demande Julie.

– Dans six mois, un bébé arrivera chez nous, dit maman.

– Nous serons trois enfants dans la maison ! s'écrie Sami.

Julie pousse un grand cri de joie et demande :

– Est-ce que je pourrai le tenir dans mes bras et lui donner le biberon ? Et même le promener dans le parc ?

– Oui, mais tu devras prendre garde parce qu'un bébé n'est pas une poupée.

Julie est très contente.

– Après la naissance, maman devra se reposer, alors, nous irons en vacances à la montagne chez vos grands-parents, dit papa. Mais en attendant, il va falloir se coucher. Allez, hop ! Tout le monde dans les draps ! Julie et Sami se couchent sans ronchonner et s'endorment en pensant chacun, au bébé qui va naître.

au eau

$$au - eau = o$$

au   eau

 Lis les syllabes, puis les mots.

pau – beau – teau – dau – fau – reau – seau – gau – veau –

chau – zau – jau – gneau – meau – nau – cau

au-
aujourd'hui
l'autruche
une autoroute

-au-
jaune – l'épaule
un vautour – le défa

-eau
l'agneau
un tableau
le taureau
l'oiseau

-eaux
Attention, regarde bien la fin de ces mots !
les châteaux – des oiseaux –
mes carreaux – tes poteaux

 Lis l'histoire.

Aujourd'hui, nous allons visiter un château près de Paris. Julie et Sami enfilent des chaussures et un manteau, puis montent dans la voiture.

– C'est parti ! dit papa en repliant la carte routière. Nous prendrons l'autoroute, puis nous roulerons sur une route de campagne. Peut-être verrons-nous des animaux. Près du château, il y a une rivière où nous pourrons prendre notre goûter au bord de l'eau. Les enfants sautent de joie.

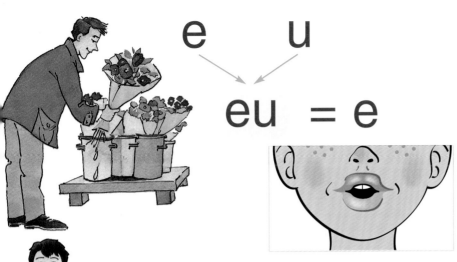

$$eu = e$$

 Lis les syllabes, puis les mots.

jeu – deu – meu – veu – feu – neu – peu – beu – seu – zeu –

reu – gneu – eur – treu – teur – leur – peur

le feu  l'heure   un jeune   seul
la meule   un tracteur   la couleur   jeudi
heureuse   le docteur   du beurre   la chaleur

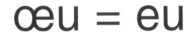

$$œu = eu$$

 Observe bien ces mots, puis lis-les.

un œuf – le bœuf – un cœur – la sœur – un vœu –

les jeux – des feux – tes cheveux – mes neveux

Lis l'histoire.

C'est jeudi, papa accompagne les enfants à la piscine. Dans la voiture, Sami est heureux et il joue avec son jeu électronique pendant que Julie enlève son bandana bleu et qu'elle attache ses cheveux. Au retour, papa s'arrête chez le fleuriste et achète un bouquet de fleurs pour la fête de maman. Une heure plus tard, ils arrivent à la maison et la retrouvent qui les attend, en lisant près du feu.

65

ain ein

ain – ein = in

ain   ein

 Lis les mots.

ain
un bain – maintenant – le train – demain – un poulain – mon copain – le refrain – du pain

ein
le frein – il est plein – le sein – la peinture – une ceinture – les reins – la teinture – éteindre

 Lis l'histoire.

– Tu joues à deviner avec moi ? demande Julie à sa camarade.

– Que doit-on faire ? répond Amina.

– Ce n'est pas un jeu compliqué. Je te donne un indice : il est petit et sa maman est la jument. Qu'est-ce que c'est ?

– Le poulain ! dit Amina. C'est facile ! Alors d'accord, je continue.

– On l'étale avec un pinceau et elle a plusieurs couleurs.

– C'est de la peinture !

– Bravo ! dit Julie. On continue ?

– Oui, répond Amina.

– Pour aller d'une ville à l'autre, avec beaucoup de monde assis dedans. Il va vite. C'est...

– Le train !

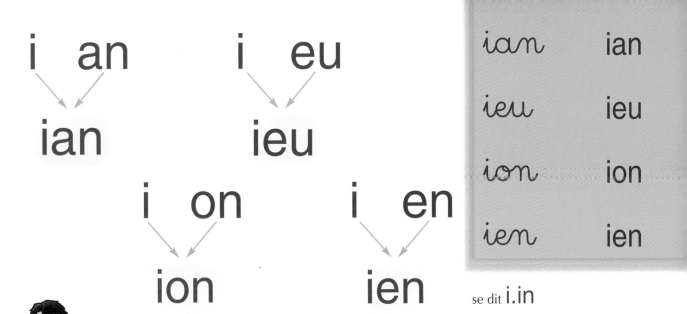

i an   i eu

ian   ieu

i on   i en

ion   ien   se dit i.in

Lis les syllabes, puis les mots.

ion – *ian* – ieu – ian – ien – *ion* – ieu – ion – *ien*

ian
de la viande
pliante
une friandise
le triangle
un mendiant

unc alliance
un étudiant
souriant
l'amiante
confiant

ieu
mieux
capricieux
sérieux

délicieux
le milieu
silencieuse

un pieu
vieux
adieu

ion
le camion
un lion
le pion
une réunion

la région
la révision
une occasion
la télévision

un champion
l'avion

ien
le mien
son chien
le tien
l'Indien
ancien

le sien
un musicien
combien
un comédien
le bien

67

ill se dit comme un « i »
qui souffle en avant.

 Lis les mots en **ill**.

une grille   des quilles   des béquilles

ma famille   la coquille   un gorille

elle est gentille   la vanille   une pastille

il sautille   des lentilles   des billes   la chenille

 Lis l'histoire.

Les parents de Sami et Julie organisent une fois par an une grande fête de famille. Pour ce jour que les enfants aiment tant, Sami et sa sœur ont préparé un petit poème. Ils ont passé beaucoup de temps à l'écrire. Voilà que le moment de le réciter devant tout le monde est arrivé. Alors, chacun leur tour, ils leur disent des mots gentils. Tous sont très contents et applaudissent.

– C'est bien d'être en famille, s'écrient les enfants en embrassant leurs parents tendrement.

Pendant que les adultes discutent, Sami propose à ses cousins de jouer aux billes, mais les filles préfèrent jouer à la corde à sauter.

Geste : Mettre le doigt pointé en avant au coin de la bouche pour dire ill, le doigt avance quand on souffle.

Observe, puis lis.

a ill   e ill

aill   **eill**

eu ill   ou ill

euill   **ouill**

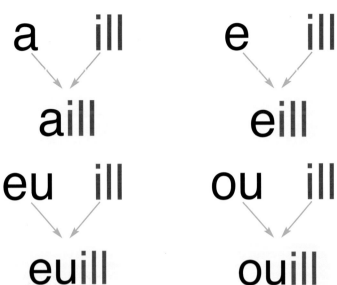

aill	aill
eill	eill
euill	euill
ouill	ouill

Observe bien les tableaux, puis lis les mots.

...aille	une **paille**
...euille	une **bataille**
une ...eille	une **oreille**
...ouille	une **bouteille**

une **feuille**
une **corbeille**
une **grenouille**
une **médaille**

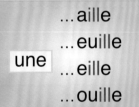

...ail	un travail	un écureuil
...euil	un portail	un fauteuil
un ...eil	un soleil	un détail
...ouil	un réveil	un fenouil

Lis les mots.

une abeille – la feuille – un brouillon – une trouvaille –
la groseille – le feuillage – la fouille – un conseil –
un bouvreuil – un chevreuil – un appareil – la muraille

Lis les syllabes.

eau – eu – ein – aill – ian – ill –

ain – œu – oin – ien – ouil – ion –

oin – ien – ouill – ein – ouil –

eau – euil – eill – ier – ail – ian – ière – ien –

eau – œu – ill – eu – illé – euill – illou – eill

 Lis les mots.

le gâteau
le peintre
curieux
la muraille
le réveil
un agneau
ton collier
la pointe
un mendiant
un comédien
un millefeuille

la chaleur
rien
le train
courageux
le gardien
l'odeur
un balai

l'abeille
la corbeille
le vitrail
du pain

la pelle
la grille
une grenouille

le facteur
un camion
le tracteur
ta famille
un étudiant
un caillou
un écureuil

Lis ces mots et apprends-les par cœur.

où – ont – quand – j'ai – ceci –
leur – puis – alors – depuis –
pendant – pourquoi – le mien

Lis l'histoire.

Couché dans son lit, Sami entend le portail claquer.
Le vent souffle de plus en plus fort et toute la famille se
réveille. Les enfants ont très peur, alors maman allume
la lumière du salon. Elle les prend dans ses bras et leur
raconte l'histoire des animaux de la forêt.

« L'écureuil grimpe très vite dans les arbres et saute
de branche en branche, le chevreuil se cache pour
échapper aux chasseurs, la petite chenille se faufile sous
les feuilles... »

Pendant que maman rassure les enfants, papa va
dehors vérifier si les volets sont toujours bien attachés.

ef	er
ec	ep
el	es

Devant une consonne, e se prononce è.

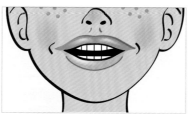

 *Lis les mots.*

el – es – ec – ep – ef – eb – et – er – ed – eg

le chef
un ver
un bel été
du fer
mon cher
un tunnel

la mer
son bec
le merle
l'escargot
les perles
il respire

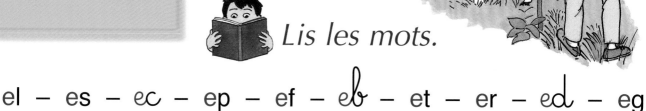

du caramel
sa veste
avec
la lecture
un reptile
la ferme

 Lis l'histoire.

Cet été, Sami passe une semaine de vacances à la ferme de son oncle. Sa chambre se trouve juste au-dessus de la grange. Il aime respirer le foin et l'herbe coupée, entendre le doux bruit des mouches et des insectes et aller voir les animaux dans l'étable.

Sami est content d'être ici. Il sort de son sac sa veste en laine et son pyjama. Sa tante lui a préparé un petit cadeau : de la lecture, quelques caramels et un petit mot gentil.

Pour s'endormir, il rêve de devenir un grand fermier, comme son oncle.

ef, er, ec, ep, el, es. Ce sont des sons très courts.

elle elle
erre erre
esse esse
ette ette
enne enne

Lis les mots.

elle – esse – *ette* – erre – elle – enne – ette – *esse* – erre

l'échelle	la princesse	la maîtresse
du verre	la marelle	une violette
il s'appelle	ta cassette	la gardienne
l'antenne	la chienne	la Terre
ma sucette	une caresse	la poubelle
une brouette	une tresse	ma couette
la parisienne	la mienne	ancienne

Lis l'histoire.

Pendant que Sami joue aux échecs avec son papa, Julie se déguise. Elle aimerait devenir une vraie comédienne. Aujourd'hui, elle se prend pour une princesse. Elle se fait de belles tresses et pique des violettes dans ses cheveux. Elle s'habille avec des morceaux de tissu qu'elle a cousus ensemble, rajoute des perles par-ci par-là, puis elle se maquille et se prépare pour se montrer ainsi à sa famille.

– Oh la jolie princesse ! dit papa.

La prochaine fois, elle dit qu'elle se déguisera en Indienne !

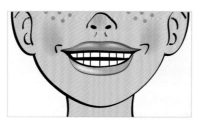

Entre deux voyelles, **y = ii**.

Observe bien les mots suivants.

un tuyau	⟶	un tui iau
le crayon	⟶	le crai ion
le noyau	⟶	le noi iau

Lis.

ayan – oyé – uyé – ayon – ayu – oyage – uyau – uyer –

oyer – ayeur – uyère – oyable – oyan

un crayon	payer	balayer	des rayures
des noyaux	du gruyère	le nettoyage	effrayant
incroyable	la voyelle	le royaume	le tuyau
le loyer	loyal	un voyage	le paysage

Lis l'histoire.

À l'aéroport, Julie est très joyeuse. Elle a la chance de partir faire un long voyage en Afrique avec ses parents. L'hôtesse fait l'appel et tout le monde monte dans l'avion. Après huit heures de vol, Julie, le visage appuyé contre le hublot, regarde le paysage. C'est incroyable ! Tout en bas, elle voit des sortes de rayures ; ce sont les marques du sable que balayent les vents de désert. Soudain, le pilote leur annonce qu'ils ne vont pas tarder à atterrir. Julie a le cœur qui bat très fort.

ti se prononce **si** dans certains mots.

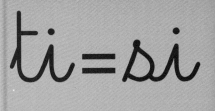

ti = si

ti = si

Lis les syllabes, puis les mots.

tion – tien – tieu – tia – tiel – tion – tie

la direction	mes initiales	ton dictionnaire
l'addition	l'inondation	mes émotions
minutieux	ma collection	l'hésitation
la récréation	la patience	l'acrobatie
l'essentiel	la circulation	une soustraction

Lis l'histoire.

– En classe, aujourd'hui, notre maîtresse nous a appris l'addition, dit Julie à sa maman. Je sais faire des additions même avec une retenue et je n'ai plus d'hésitation. L'année prochaine, j'apprendrai les autres opérations.

– Bravo ! répond maman, mais un peu de patience et tu apprendras plus tard la soustraction, la multiplication et même la division.

75

ʂp	sp
ʂt	st
ʂc	sc

 Lis les syllabes, puis les mots.

sp spa – spo – spi – spé – spu – spec –

le sportif – une spirale – mon spectacle – splendide –
l'espace – un aspirateur – un sparadrap –
spontané – l'inspecteur – l'hospitalité – spacieux

st sta – sté – sty – stu – sti – stal –
stè – sto – stan – stro – osta
l'estomac – stable – une strophe – un stand – le store –
la sieste – mon stylo – un élastique – le stagiaire –
un studio – la pastèque – mon instituteur – l'artiste

sc sca – sco – scu – scé – scu – sca

un scarabée – une escalope – une sculpture – l'escalier –
les scouts – l'escargot – une escale – le scorpion

Veiller à bien décomposer les sons, ssssppppp, ssssttttt, sssssccccc.

 Le **X** a plusieurs prononciations.

Lis les syllabes et les mots suivants.

X = ks
xi – xo – xa – xe – xu – ax – ox – ex – ux – ix – xer – xeu – expi

la boxe – la taxe – un texte – l'index – flexible – exprès – réflexe – une excuse – le luxe – l'axe – excellent

X = gs
les exercices – un exemple – exotique – exactement – exaspérer – exister

X = Z   deuxième – sixième – dixième

X = S   six – dix – soixante

X   lettre muette
la croix – une perdrix – une noix – la paix – ma voix – des choux – les yeux – des ciseaux – mes cheveux

W

Le **W** se prononce comme un **V**, mais dans certains mots, il se prononce comme un **OU** suivi d'une voyelle.

wagon (vagon)   wapiti (ouapiti)   western (ouestern)

As-tu bien retenu ?

RÉVISION 9

Lis les sons.

uspa – spi – xer – spé – tion –

tresse – cette – oya – stan –

esca – splen – tiel – relle – espi –

scu – ayu – tieu – osta – ienne

Lis les mots.

le spectacle
c'est exact
un sculpteur

un berceau
un standardiste
la comédienne
le boxeur
extraordinaire
le paysagiste
spécial
un graphiste

la tresse

la patience
les opérations
la marelle
le nettoyage
une sucette
une addition

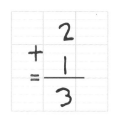

ton dictionnaire
le tuyau
un stagiaire
une multiplication
le voyage
une institutrice
tu exagères
le vestiaire
un herbivore

un extincteur
exceptionnel
le prospectus

78

Lis l'histoire.

– C'est bientôt la fin de l'année scolaire, a déclaré la directrice, et nous allons donc préparer un grand spectacle qui aura lieu le dernier jour d'école. Chaque classe pourra y participer. Les décorations se prépareront pendant les cours d'arts plastiques et vous apprendrez des danses et des chants en cours de sport et de musique.

Sami et Julie se regardèrent, étonnés et attentifs.

– C'est super ! lança Julie.

On aurait dit que le soleil entrait sous le préau. Même les parents vinrent chaque jour apporter de l'aide. Des mamans firent les costumes et d'autres les décors. Des papas installèrent une grande scène, des projecteurs de toutes les couleurs et posèrent une moquette rouge.

Notre préau s'était donc transformé en salle de spectacle et il ne manquait rien. Des salles avaient été aménagées en vestiaires où l'on pouvait se changer et poser nos vêtements sur les nombreux portemanteaux.

Quelle organisation ! Et aussi quelle joie !

En montant sur scène, on avait un peu peur, mais très vite on se sentait comme de vrais acteurs.

Pour Julie, Sami et leurs amis, ce fut une soirée exceptionnelle, à jamais gravée dans leur mémoire et qu'ils n'oublieront pas.

p, **b**, **t**, **d**, **c**, **g** sont des sons qui éclatent.
On les appelle des **occlusives**. Il existe
des occlusives **sourdes** et des occlusives **sonores**.

 **les occlusives sonores**

les occlusives sourdes

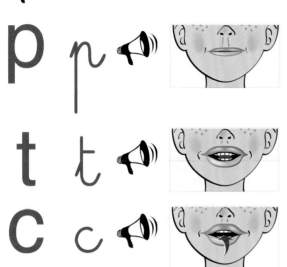

b b

d d

g g

p – t – c – b – d – g – p – b – t – d – c

pibo – tadu – coga – tipa – bugo – cato – badi – guco

pitoca – badigo – tocabi – bugota – cobadu – gotuca

décapé	baguette	capoter	troubadour
bigoudi	gambadé	dégourdi	probable
dégoûté	comprendre	décapité	dégusté

Conseils à l'attention des parents.
Faire attention à ce que l'enfant fasse bien la différence entre les occlusives sourdes et sonores.
Lecture / articulation
1. Faire lire les sons horizontalement deux à deux (p – b, t – d, c – g) en exagérant leur point
d'articulation, puis verticalement trois à trois et enfin dans le désordre.
2. Faire lire les « non-mots » (pido, tadu…), puis les mots en exagérant l'articulation de chaque
syllabe.
Repérage « auditif »
3. Faire identifier du doigt les sons ci-dessus, en répétant avec une forte articulation les sons,
les « non-mots » et les mots en bas de page.

Procéder de la même manière pour les leçons des pages 81 à 86.

C'est la même bouche pour **p** et **b**,
mais **p** éclate sans bruit alors que
b vibre fort dans la gorge.
On fait des grosses joues et un gros bruit.

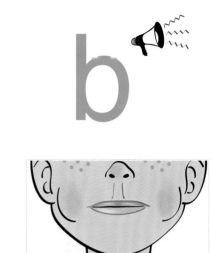

p   b

Lis les lettres, les syllabes, puis les mots.

b – p – p – b – p – b – b – p – b – b – p – p – b – p

p – b – b – p – p – b – p – b – p – p – b – b – p – b

pa – bi – bo – pu – pé – ba – bu – pi – pé
po – bu – ba – pi – bo – pa – bé – pu – be

bopo – poba – bapu – biba – pupa – papa
pibu – bapé – bibo – bibi – bipo – babi

raboté	lavabo	poubelle	probable
député	débuté	barbe	problème
capable	parabole	potable	pénible

Ne confonds pas d et b

Bien faire la différence entre **d** et **b**.
Ils « chantent » tous les deux dans la gorge
mais ne font pas la même bouche.
(Pour **b**, faire de grosses joues.)

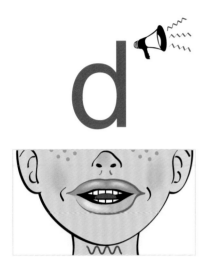

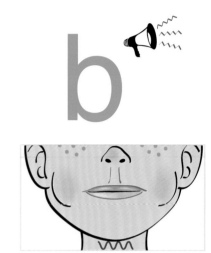

 Lis les lettres, les syllabes, puis les mots.

d – b – b – d – d – b – d – b – d – d – b – d
b – d – d – b – d – b – d – d – b – d – d – b

da – bi – bo – du – be – do – bé – di – de
du – bo – be – da – di – bé – ba – de – bu

dibo – bude – doba – bubi – buda – bodo
daba – dobu – dido – bibo – bodi – dodé

début	habitude	bondir
bidon	abondant	badine
bande	débandade	débile
bidule	débarras	débuter

Ces trois sons éclatent sans bruit, mais la bouche est différente pour chaque son. Bien regarder la bouche qui convient pour les prononcer correctement.

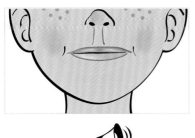
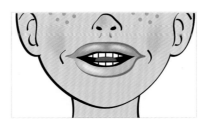
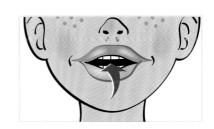

p **t** **c**

 Lis les lettres, les syllabes, puis les mots.

p – t – c – t – p – c – c – t – p – t – c – t – p

p – c – t – t – c – p – c – t – c – p – t – c – p

co – ta – pu – pé – to – cu – pi – ca – tu

te – pe – ca – pi – co – pu – té – pé – ti

topa – pico – cati – paca – tépi – paco

cotipu – pécati – cotipi – putuca – tacopé

capitale	tulipe	pilote	picoter
tapis	toupie	tempête	pacotille
occupé	catapulte	capitaine	copie

83

Ne confonds pas t et d

C'est la même bouche pour les deux sons, mais pas le même bruit.

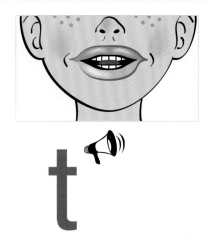

t 🔊

Pour **t**, on sort le bout de la langue mais on fait un tout petit bruit.

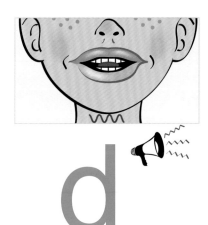

d 🔊

Pour **d**, on sort le bout de la langue mais on fait du bruit dans la gorge.

 Lis les lettres, les syllabes, puis les mots.

d – t – t – d – t – d – d – t – d – d – t – t – d – t – d

t – d – d – t – d – t – t – d – t – t – d – d – t – d – t

ta – di – do – tu – té – da – du – to – di – té

do – du – ta – ti – do – ta – dé – te – tu – de

doto – toda – datu – tida – tuda – tada

ditu – daté – tido – dita – didi – tito – dati

tordu	dentiste	détendu
attardé	débuté	attitude
fidélité	tortue	date
radoter	radiateur	retardé

84

C'est la même bouche pour les deux sons,
mais pas le même bruit.

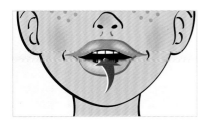

c fait un tout petit bruit
au fond de la gorge.

g fait un gros bruit dans la gorge.

Lis les lettres, les syllabes, puis les mots.

c – g – g – c – g – c – c – g – c – g – g – c – g – c

g – c – g – g – c – g – c – c – g – g – c – g – c – c

ca – go – co – ca – gu – ga – cu – ga – go – co

ga – ca – co – gu – cu – ca – go – ga – gu – ca

goco – coga – gacu – guca – cuga – caga

cogu – gaca – cugo – gaga – gucu – gaco

concombre	café	cagoule	cube
coca	figure	égaré	régalé
légume	école	catégorie	Congo

85

Ne confonds pas

b, **d** et **g** font tous les trois un gros bruit dans la gorge (l'éprouver en posant le dos de la main sur la gorge), mais ils ne font pas du tout la même bouche. Exagérer l'émission du son.

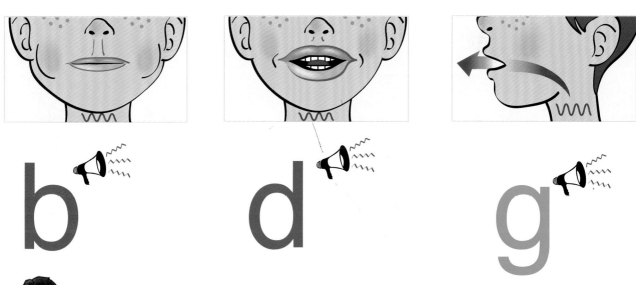

b   d   g

 Lis les lettres, les syllabes, puis les mots.

b – d – g – d – b – g – g – d – b – d – b – d – g – d

d – b – g – g – d – b – g – d – g – b – d – g – b – d

do – ga – bu – dé – go – du – bi – da – gu

de – be – ga – di – du – gu – dé – bé – di

doga – bido – gabi – gaga – bédi – dago

gobidu – dégabi – godibi – bududu – gadobé

bigoudi	drogue	désordre	boudin
dragon	dégourdi	agréable	pédale
probable	gourdin	doubler	gobelet

f, **v**, s, **z**, ch, **j** sont des sons qui soufflent.
On les appelle des **fricatives**. Il existe
des fricatives **sourdes** et des fricatives **sonores**.

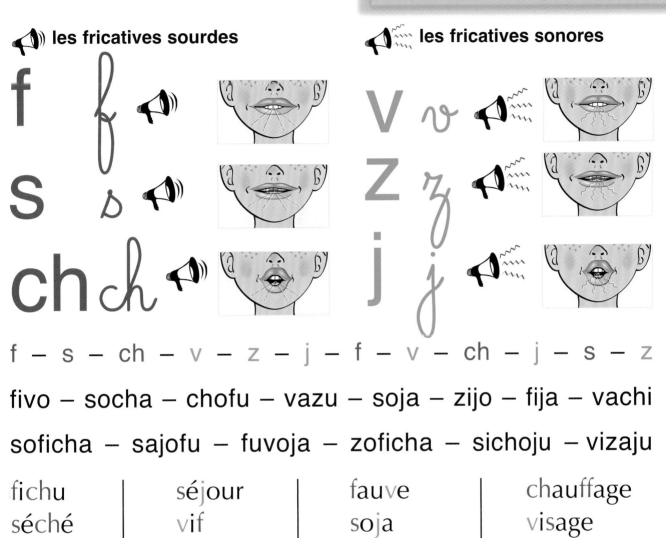

les fricatives sourdes

les fricatives sonores

f – s – ch – v – z – j – f – v – ch – j – s – z

fivo – socha – chofu – vazu – soja – zijo – fija – vachi

soficha – sajofu – fuvoja – zoficha – sichoju – vizaju

fichu	séjour	fauve	chauffage
séché	vif	soja	visage
jazz	chassé	sauvage	solfège

Ne confonds pas f et v

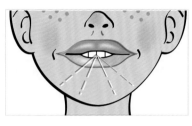

C'est la même bouche pour **f** et **v**, mais pas le même bruit.

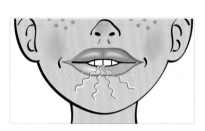

f « souffle » sans faire de bruit (souffler sur sa main).

v « souffle » en faisant le bruit du moteur de la voiture (vroum…).

Lis les lettres, les syllabes, puis les mots.

v – f – v – f – f – v – f – v – v – f – v – f – f – v – f

f – v – f – f – v – f – v – v – f – v – v – f – f – v – f

va – fo – fi – vu – fa – vi – fu – vé – fe – vo

va – fa – fo – vu – ve – fi – fu – vo – vé – fa

fovi – vofa – favu – vufi – féva – vifu

vofu – fava – vufo – fafa – vufu – vafo – favi

vive	fève	vivifier	orfèvre
vérifié	favori	fleuve	définitif
vif	février	farfelu	veuf

88

C'est la même bouche pour **ch** et **j**,
mais pas le même bruit.

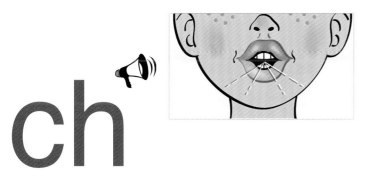

ch

ch « souffle » sans bruit.

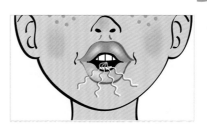

j vibre fort.

j

Lis les lettres, les syllabes, puis les mots.

ch – j – j – ch – j – ch – ch – j – j – ch – j – ch – ch

ch – j – ch – ch – j – ch – j – j – ch – j – ch – j – j

cha – jo – ji – chu – cho – chi – ju – jé – je – cho

chu – ji – ché – cha – je – ju – cho – jo – jé – che

choji – jocha – chaju – chuji – chéja – jiju

jochu – chacha – juché – jaja – juchu – jacho

juché	déjà	chuchoter
chiche	fâché	joncher
jachère	chauffage	jugé

Ne confonds pas **f**, **s** et **ch**

f, s et ch « soufflent » sans bruit mais ils n'ont pas du tout la même bouche. Bien regarder la bouche correspondant à chaque son.

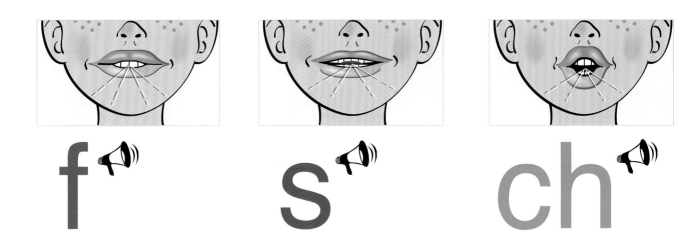

f **s** **ch**

 Lis les lettres, les syllabes, puis les mots.

f – ch – s – ch – f – s – s – ch – f – ch – s – f – f

f – s – f – ch – s – ch – ch – f – s – f – ch – s – s

so – fa – chu – fé – sa – fi – cha – cho – fu

su – fe – chi – fa – si – sa – cho – fu – ché

sofa – chiso – fasi – sacha – chéfi – facho

chofisu – séfachi – fosichi – suchufu – chasofé

farfelu	chauffer	flèche	sifflet
caniche	chiffon	sachet	fourche
séchoir	fichu	chasseur	salsifis

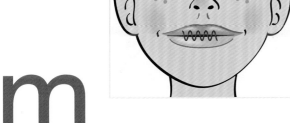

m

m chante dans
les lèvres fermées.

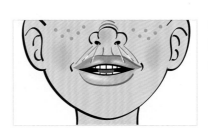

n

n chante dans le nez
(faire une grimace
avec le nez).

Lis les lettres, les syllabes, puis les mots.

m – n – m – n – n – m – n – m – m – n – m – n – m

m – m – n – m – n – n – m – n – m – m – n – m

na – mi – no – mu – ne – no – ma – né – mi – ni

mu – no – me – na – mi – mé – na – ne – mu – ni

mino – nume – mona – numi – muna – nomo

mana – monu – nino – mimo – nomi – moné

animal	minuit	animé	minimal
nomade	mine	domino	numéro
minute	cinéma	anémone	ramener

91

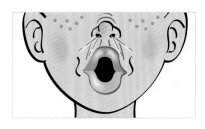

on

on fait une petite
bouche comme
pour dire o
(bruit dans le nez).

an

an fait une grande
bouche comme
pour dire a
(bruit dans le nez).

 Lis les syllabes, puis les mots.

on – an – on – on – an – an – on – an – on – an – on

on – an – an – on – an – on – on – an – an – on

ton – ban – can – son – lan – ron – dan – mon

ran – ion – ran – lon – tan – pon – nan – von

rontan – ondan – lanmon – donsan – vondan

bondan – ronlan – panfon – donlon – sanmon

pantalon	rançon	santon	ponton
chanson	rangeons	montant	donjon
salon	canton	fondant	ancre

ou

ou se dit avec la bouche.

on

on se dit dans le nez.

Lis les syllabes, puis les mots.

ou – on – ou – ou – on – on – ou – on – ou – on – ou

ou – on – on – ou – on – ou – ou – on – on – ou

ton – bou – cou – son – lou – ron – dou – mon

rou – ion – rou – lon – ton – pon – non – vou

rontou – oudon – loumon – douson – vondou

bondou – roulon – poufon – donlon – soumon

donjon	melon	goujon	glouton
bonjour	boulon	bouchon	goûtons
coupon	mouton	ballon	croûton

93

gn

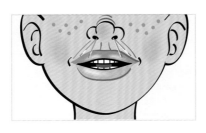

ill

En disant **gn**, on fait
une grimace avec son nez.

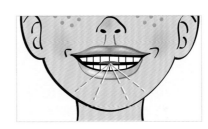

ill se prononce
comme un **i**
qui souffle.

Lis les syllabes, puis les mots.

gn – ill – gn – gn – ill – ill – gn – ill – gn – ill – gn

ill – gn – gn – ill – ill – gn – ill – gn – gn – ill – gn

gna – illa – gno – illu – ille – gni – illi – gné – illé

illou – gnon – illon – gnan – gnol – illar – gnal

gnillo – illugne – gnogna – illigni – gnugna

illailla – gnigni – illagno – illégnu – gnagni

pagne	sillage	caillou	bouillon
paille	aligné	consigne	gagner
signé	mignon	brugnon	billard

Lis les syllabes, puis les mots.

no	on	non
na	an	nan
ne	en	nen
ni	in	nin
ne	en	neu

on – no – non – an – na – nan – en – ne

nen – in – ni – nin – eu – ne – neu – en – in

na – on – an – ni – no – non – ne – nen – in

ni – en – eu – nen – ne – nan – no – nin

péniche	–	chemin
navire	–	divan
lune	–	tente
pantalon	–	note
nappe	–	ange
animal	–	lapin

piano	–	pion
bon	–	bonne
caban	–	cabane
bandana	–	banane
natte	–	lange
nid	–	vin

Lis les syllabes, puis les mots.

ai	ia
ei	ié
oi	io
oin	ion
ain	ian
ein	ien

ai – ia – ié – oi – io – ia – oin – ion – ei – ié

ain – ian – noi – ien – in – ino – ein – oin

bain – mion – moin – tien – tein – lian – lien

lion	–	loin	fraise	–	liane
rien	–	rein	violon	–	froide
laine	–	piano	camion	–	foin
étoile	–	pioche	éteindre	–	chien
treize	–	piège	viande	–	plainte
violon	–	poire	neige	–	liège

Imprimé en Espagne par Cayfosa. Dépôt légal: Mai 2014 - Collection 12 - Edition 02 - 17/1467/4